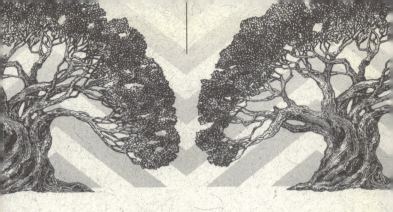

AINDA
Lado *a* Lado

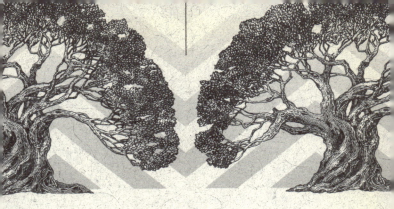

AINDA
Lado a Lado

Janet George

Uma explicação concisa da
igualdade de gênero à luz da Bíblia

Título original: *Still side by side: a concise explanation of biblical gender equality*
Copyright © 2009, 2020 por Janet George.
Edição original de Christians for Biblical Equality.
Todos os direitos reservados.
Copyright da tradução © Vida Melhor Editora LTDA., 2023.
Todos os direitos desta publicação são reservados por Vida Melhor Editora LTDA.
As citações bíblicas foram extraídas da Nova Versão Internacional, da Biblica Inc., a menos que seja especificada outra versão.
Os pontos de vista desta obra são de total responsabilidade de seu autor, não refletindo necessariamente a posição da Thomas Nelson Brasil, da HarperCollins Christian Publishing ou de sua equipe editorial.

PUBLISHER	Samuel Coto
COORDENADOR EDITORIAL	André Lodos
EDITOR	Guilherme H. Lorenzetti
TRADUÇÃO	Rodolfo Amorim
PREPARAÇÃO	Guilherme H. Lorenzetti
REVISÃO	Bruna Cavalieri
CAPA	Rafael Brum
DIAGRAMAÇÃO	Caio Cardoso

Dados Internacionais de Catalogação na Publicação (CIP)

G683a George, Janet
1.ed. Ainda lado a lado : uma explicação concisa da igualdade de gênero à luz da Bíblia / Janet George ; tradução Rodolfo Amorim. – 1.ed. – Rio de Janeiro : Thomas Nelson Brasil, 2023.
64 p.; 11 x 15 cm.

Título original: Still side by side.
ISBN: 978-65-5689-667-0

1. Fé (Cristianismo). 2. Gênero – Aspectos religiosos – Cristianismo. 3. Vida cristã. I. Título.

06-2023/131   CDD 220

Índice para catálogo sistemático:
1. Gênero : Aspectos religiosos : Cristianismo   230
Aline Graziele Benitez – Bibliotecária – CRB-1/3129

Thomas Nelson Brasil é uma marca licenciada à Vida Melhor Editora LTDA.
Todos os direitos reservados à Vida Melhor Editora LTDA.
Rua da Quitanda, 86, sala 218 – Centro
Rio de Janeiro – RJ – CEP 20091-005
Tel.: (21) 3175-1030
www.thomasnelson.com.br

Sumário

Introdução, 7

O princípio
Criação, 12
A Queda, 15

Igualdade bíblica
Um em Cristo, 18
Jesus e as mulheres, 24
Dons espirituais, 29
Mulheres na Bíblia, 32

Dificuldades na igreja primitiva
Silêncio, 36
Autoridade e ensino, 39
O "ser cabeça", 44
Submissão, 50

Conclusão, 52

Sobre a CBE, 54

Notas, 61

Introdução

Na faculdade, fui convidada a ministrar um *workshop* em um retiro de fim de semana para estudantes universitários. Quando contei ao meu namorado, ele me desencorajou, porque a Bíblia diz que as mulheres não devem ensinar os homens. Então, recusei o convite. Nós dois apenas queríamos ser obedientes às Escrituras como as entendíamos. Participei do *workshop* e o homem que me substituiu era uma pessoa maravilhosa, porém ele não era um professor eficaz. Lembro-me de estar sentada pensando: "Isso com certeza não parece certo!". Quer saber o que aconteceu com o namorado? Eu me casei com ele! Aqui está o resto da história:

Matt e eu iniciamos nosso casamento em 1978 pensando que a Bíblia ensinava que deveria haver hierarquia no lar e na igreja. Isso significava que os homens eram os líderes e tomadores de decisão. Não é que pensássemos que Deus valorizava mais os homens do que as mulheres, mas que eles tinham papéis específicos. Ao longo dos anos, sentimos um conflito crescente entre o que pensávamos que a Bíblia ensinava e nossa própria experiência.

Desde então, descobrimos uma riqueza de estudos acadêmicos apresentando uma visão diferente. Os igualitaristas acreditam que a Bíblia ensina a igualdade fundamental de todos os crentes. Que eles são livres para exercer seus dons dados por Deus no lar, na igreja e na sociedade. Isso significa que todos os cargos de ministério devem ser baseados em dons e habilidades, não em gênero. E o lar deve ser um lugar de submissão, encorajamento e liderança mútuas.

Mas continuamos a vivenciar situações em que homens e mulheres são limitados por uma visão de hierarquia. Outro dia fui a uma livraria cristã, e a seção feminina incluía livros sobre chocolate, exercícios, decoração... A seção masculina tinha livros sobre liderança, finanças e eventos contemporâneos. Que mensagem isso está transmitindo a nossos filhos e filhas? Matt e eu fomos a um casamento no qual foi dito que a submissão significa que a esposa deve fazer o que o marido diz, mesmo que ele esteja errado. E conhecemos um casal de missionários cujo sustento financeiro foi retirado porque ambos ensinam.

> **Você sabia...**
> - Paulo não usa o termo "chefe do lar" na Bíblia.
> - As Escrituras dizem que devemos nos submeter uns aos outros, não apenas as mulheres aos homens.
> - A palavra "auxiliadora" usada para descrever a mulher em Gênesis também é usada para descrever Deus.

Vamos descobrir a verdade para que todos possamos servir livremente ao nosso Senhor Jesus lado a lado!

O princípio

Criação

Então disse Deus: "*Façamos o homem à nossa imagem*, conforme a nossa semelhança. *Domine ele sobre os peixes do mar, sobre as aves do céu, sobre os animais grandes de toda a terra e sobre todos os pequenos animais que se movem rente ao chão*". Criou Deus o homem à sua imagem, à imagem de Deus o criou; homem e mulher os criou. Deus os abençoou, e lhes disse: "*Sejam férteis e multipliquem-se*! Encham e subjuguem a terra! Dominem sobre os peixes do mar, sobre as aves do céu e sobre todos os animais que se movem pela terra" (Gênesis 1:26-28, ênfase adicionada).

> ❓ A Bíblia diz que as mulheres foram criadas para serem auxiliadoras de seus maridos. Então os homens não foram criados como líderes cheios de bravura e coragem?
>
> ✅ Homens e mulheres foram criados para serem parceiros, igualmente responsáveis pelo Reino de Deus.

Existem duas estruturas de autoridade claras aqui: a autoridade de Deus sobre toda a criação e a autoridade conjunta do homem e da mulher sobre a terra e as criaturas. Desde o início, não havia a intenção de que os homens tivessem autoridade sobre as mulheres. Juntos, eles devem gerar e criar filhos e ter domínio sobre a terra – e isso é uma aventura!

> Então o Senhor Deus declarou: "Não é bom que o homem esteja só; farei para ele alguém que *o auxilie e lhe corresponda*" (Gênesis 2:18, ênfase adicionada).

O termo "auxiliadora", ou *ezer*, tem sido amplamente mal-interpretado como se significasse que as mulheres foram criadas para servir aos homens e ser subordinadas. Linda Belleville explica: "Todas as outras dezenove ocorrências de *ezer* no Antigo Testamento têm a ver com a ajuda que alguém forte oferece a alguém necessitado, ou seja, a ajuda de Deus, de um rei, de um aliado ou de um exército. Além disso, quinze das dezenove referências falam da ajuda que somente Deus pode fornecer".[1] Um exemplo é:

> Levanto os meus olhos para os montes e pergunto:
> De onde me vem o socorro? O meu socorro vem do
> Senhor, que fez os céus e a terra (Salmos 121:1-2).

A palavra "corresponda", ou *knegdo*, significa "face a face, igual ou adequado a". Alguém que o "auxilie e corresponda" significa um parceiro adequado a ele em todos os sentidos! A mulher foi criada com as habilidades necessárias para acompanhar Adão e cumprir a missão dada por Deus, o qual criou homens e mulheres como parceiros iguais, destinados a trabalhar lado a lado.

Diz-se que "o poder tende a corromper; o poder absoluto corrompe absolutamente". É perigoso colocar uma pessoa (o homem) em uma posição de liderança imerecida e inexplicável. Deus sabia disso – é por isso que a parceria, não a hierarquia, é o projeto. Deus pretendia uma responsabilidade mútua e saudável dentro do relacionamento entre marido/esposa. Afastar-se disso e impor uma hierarquia de poder e autoridade pode contribuir tragicamente para o abuso verbal e físico. Vamos nos apegar ao projeto original.

A Queda

À mulher, ele declarou: "Multiplicarei grandemente o seu *sofrimento na gravidez*; com sofrimento você dará à luz filhos. Seu desejo será para o seu marido, e *ele a dominará*". E ao homem declarou: "Visto que você deu ouvidos à sua mulher e comeu do fruto da árvore da qual ordenei a você que não comesse, maldita é a terra por sua causa; com sofrimento você se alimentará dela todos os dias da sua vida. Ela lhe dará espinhos e ervas daninhas, e você terá que alimentar-se das plantas do campo. Com o suor do seu rosto você comerá o seu pão, até que volte à terra, visto que dela foi tirado; porque você é pó e ao pó voltará." (Gênesis 3:16-19a, ênfase adicionada).

> ❓ Parece que em muitas culturas os homens são dominantes. É porque Deus criou os homens dessa maneira?
>
> ✅ A dominação masculina é uma maldição da Queda, algo a ser superado, não abraçado.

Tanto o homem quanto a mulher participaram da Queda. Sua escolha pelo pecado trouxe as seguintes consequências: ambiente adverso, dor no parto e dominação masculina. Estas não são diretivas de como devemos viver, mas os efeitos malignos do pecado entrando no mundo. Um marido governando sua esposa, como ervas daninhas no campo, é algo a ser superado, não abraçado! Belleville explica: "A intenção divina era a de uma parceria, um domínio compartilhado sobre a terra, uma corresponsabilidade de gerar e criar filhos e um dever compartilhado de cultivar a terra. O domínio de um sobre o outro não era a intenção, é uma disfunção relacional que resultou da desobediência a Deus".[2] *Ainda* devemos servir lado a lado.

Igualdade bíblica

Um em Cristo

> Não há judeu nem grego, escravo nem livre, homem nem mulher; pois todos são um em Cristo Jesus (Gálatas 3:28).

> ❓ Deus ama e valoriza todas as pessoas, mas homens e mulheres não têm papéis distintos?
>
> ✅ Os papéis devem ser baseados nos dons espirituais, na capacidade e na experiência, e não no gênero.

Alguns dizem que esse versículo descreve homens e mulheres sendo igualmente amados, valorizados e salvos (iguais em ser), mas com funções diferentes (desiguais em papéis).

Existem exemplos de subordinação em papéis, como professor/aluno ou empregador/empregado. Mas essas funções são baseadas na habilidade e são temporárias. O aluno é subordinado na sala de aula por causa da habilidade do professor, mas isso é temporário. Se o professor trabalhasse em um restaurante de propriedade do aluno, os papéis seriam invertidos. Os papéis estão em constante mudança, com base em situações e qualificações.

Rebecca Merrill Groothuis explicou que a subordinação feminina, no entanto, não é baseada na habilidade, mas sim em ser mulher. E não é temporária – ela nunca será capaz de superá-la. Isso passa de ser desigual em função para ser desigual em essência. É ilógico dizer que uma mulher, independentemente de sua capacidade, deve estar sob a autoridade dos homens em todas as situações e, ao mesmo tempo, dizer que ela é igualmente valorizada.[3]

E observe que este versículo não está falando apenas acerca de homens e mulheres. Imagine dizer que os papéis devem ser determinados por raça ou classe!

Paulo não está dizendo que somos todos idênticos e, de alguma forma, "unissexuais". Este versículo anuncia que raça, classe e gênero são irrelevantes na obra de Cristo, que todos são iguais. Muitos versículos no Novo Testamento confirmam que todos os crentes são iguais em ser e função: João 17:20-23; Romanos 12:4-5; 1Coríntios 12:12-14; Efésios 4:4-8,11-13.

> ❓ É necessário haver uma pessoa com autoridade para tomar decisões. Não parece natural que seja o homem?
>
> ✅ Para haver responsabilidade e aproveitar o conhecimento e a experiência, a tomada de decisão deve ser compartilhada.

A igreja deve ser exemplo de unidade neste mundo fraturado. Qualquer palavra, atitude ou política que insinue que as mulheres são "menos que" os homens de alguma forma atrapalha nosso exemplo acerca do amor inclusivo de Deus.

> No Senhor, todavia, a mulher não é independente do homem nem o homem independente da mulher. Pois, assim como a mulher proveio do homem, também o homem nasce da mulher. Mas tudo provém de Deus (1Coríntios 11:11-12).

Na sociedade atual, mulheres e homens são igualmente adequados e capazes de tomar decisões ponderadas. Despojar uma mulher inteligente do direito de usar suas habilidades de raciocínio diminui a ela e a todos ao seu redor. O desejo de Deus é que haja, como no princípio, autoridade mútua e decisões tomadas em comunidade. Devemos servir lado a lado.

Haverá momentos em que as discussões chegarão a um impasse. Aqui estão algumas maneiras de resolver decisões divergentes (não necessariamente em ordem):[4]

1. Busque orientação de Deus, individualmente e em conjunto. Auxiliem-se mutuamente a encontrar tempo a sós com o Senhor e orar como casal.

2. Sempre que possível, aguarde por concordância antes de avançar em uma decisão importante.

3. Procure se submeter, ouvir, respeitar e mostrar empatia pelo outro. Respeite o processo de discernimento de cada parceiro e busque a unidade. "Prefiram dar honra aos outros mais do que a vocês." (Romanos 12:10).
4. Exercitem dons espirituais individuais, talentos naturais e expertise na área debatida.
5. Concessões. Tente avaliar os motivos e desejos de cada pessoa.
6. Identifique prós e contras.
7. Considere que a pessoa que tem mais em jogo deve ter mais voz na decisão.

> Vocês, porém, são geração eleita, *sacerdócio real*, nação santa, povo exclusivo de Deus, para anunciar as grandezas daquele que os chamou das trevas para a sua maravilhosa luz (1Pedro 2:9, ênfase adicionada).

Não há nada nas Escrituras que indique que o marido é o sacerdote do lar. Enfatizo mais uma vez: por meio de Cristo, todos têm igual acesso e responsabilidade para com Deus! Como John Phelan coloca: "A cortina do templo foi rasgada em duas e agora todas as pessoas têm acesso a Deus. Todo o povo de Deus é sacerdote. Todo o povo de Deus é santo. Todo o povo de Deus tem o Espírito".[5]

"Pai" é uma das muitas metáforas para Deus que descreve aquele que, naqueles dias, transmitia herança e proteção. Deus não é masculino. Deus é espírito (João 4:24). Tanto as mulheres quanto os homens são feitos à imagem de Deus e refletem igualmente a ele. Mimi Haddad afirma: "Se insistirmos que Deus é masculino, isso é idolatria, fazemos Deus à nossa imagem, o que é contrário às Escrituras".[6]

> ❓ Uma vez que Deus é nosso Pai e Jesus era um homem, os homens não deveriam ser os líderes espirituais?
>
> ✅ Deus não é masculino. Deus é espírito, cuja imagem é refletida tanto em homens quanto em mulheres.

Jesus veio como homem simplesmente porque tinha de poder pregar na sinagoga, onde as mulheres eram proibidas de pregar naquela época. Cristo se tornou nossa salvação como Deus em carne humana – não como homem.

> Um homem sozinho pode ser vencido, mas dois conseguem defender-se. Um cordão de três dobras não se rompe com facilidade (Eclesiastes 4:12).

Se você enfraquecer um fio, isso não fortalecerá o cordão. Um relacionamento verdadeiramente saudável é aquele de respeito mútuo. Se for acordado que ambos os pais compartilham responsabilidades e decisões sobre o que é melhor para a família, isso apenas aumenta o benefício para os filhos. Incentivar os pais a buscar a vontade de Deus para suas vidas não significa que os filhos sejam menos queridos ou menos prioritários na família. Em vez disso, é um bom exemplo para ambos os pais se apoiarem voluntariamente, assim como em sua vocação, seja em tempo integral em casa, fora de casa ou uma combinação.

> ❓ Como você responde àqueles que dizem que estamos destruindo a família por não seguirmos os papéis tradicionais?
> ✅ Um lar onde a igualdade bíblica é praticada só pode fortalecer a família.

O terceiro fio é Jesus Cristo, o Senhor do lar. Onde Cristo é honrado e todos são respeitados, o amor abunda. Lembre-se de que há muitos casos em que não há mãe e pai em casa. Nessas circunstâncias, certamente não ajuda o pai solteiro impor papéis estereotipados. Essas famílias são fortalecidas com a compreensão e ajuda de todo o corpo de Cristo.

Jesus e as mulheres

> Escolheu doze, designando-os apóstolos, para que estivessem com ele, os enviasse a pregar e tivessem autoridade para expulsar demônios (Marcos 3:14-15).

Richard e Catherine Kroeger explicam: "Jesus tinha, com efeito, um grupo de mulheres com ele que ministravam e o acompanhavam em sua missão de pregação. Mas tê-las enviado sozinhas em uma missão pública de pregação e cura teria sido impossível. Os estudiosos do Talmude eram instruídos a nunca falar com uma mulher em público, mesmo com suas esposas. Tampouco lhes era permitido discutir as coisas de Deus com uma mulher, pois isso era uma tentação para o pecado... Jesus reconhecia plenamente que a conversão deveria ocorrer antes que tais atitudes pudessem ser alteradas".[7]

Também é digno de nota que não havia discípulos gentios. Portanto, se os discípulos são um modelo de liderança da igreja, todos os homens não-judeus também seriam excluídos.

Uma mulher discípula

Depois disso Jesus ia passando pelas cidades e povoados proclamando as boas novas do Reino de Deus. Os Doze estavam com ele, e *também algumas mulheres* que haviam sido curadas de espíritos malignos e doenças: Maria, chamada Madalena, de quem haviam saído sete demônios; Joana, mulher de Cuza, administrador da casa de Herodes; Susana e muitas outras. Essas mulheres ajudavam a sustentá-los com os seus bens (Lucas 8:1-3, ênfase adicionada).

> ❓ Por que Jesus não escolheu nenhuma discípula?
> ✅ Homens judeus foram escolhidos porque poderiam cumprir a missão naquele momento. Agora, todos são chamados para cumprir a Grande Comissão.

As mulheres não eram sequer contadas em reuniões públicas, mas Jesus acolhia sua ajuda e apoio financeiro.

> ❓ As mulheres estavam envolvidas no ministério de Jesus?
> ✅ O respeito de Jesus pelas mulheres e a inclusão delas em seu ministério pode ser considerado radical!

Jesus ensina mulheres

Caminhando Jesus e os seus discípulos, chegaram a um povoado, onde certa mulher chamada Marta o recebeu em sua casa. Maria, sua irmã, ficou sentada aos pés do Senhor, ouvindo sua palavra. Marta, porém, estava ocupada com muito serviço. E, aproximando-se dele, perguntou: "Senhor, não te importas que minha irmã tenha me deixado sozinha com o serviço? Dize-lhe que me ajude!" Respondeu o Senhor: "Marta! Marta! Você está preocupada e inquieta com muitas coisas; todavia apenas uma é necessária. Maria escolheu a boa parte, e esta não lhe será tirada" (Lucas 10:38-42).

Às mulheres não era permitido o acesso à educação na época de Jesus. Porém, quando Maria assumiu a posição de discípula, aos pés de Jesus, ele defendeu seu direito de aprender. Observe o que Jesus disse sobre a escolha dela: "Não lhe será tirada", embora muitos tenham tentado.

Uma mulher evangelista

Naquele momento, os seus discípulos voltaram e ficaram surpresos ao encontrá-lo conversando com uma mulher. Mas ninguém perguntou: "Que queres saber? " ou: "Por que estás conversando com ela? Então, deixando o seu cântaro, a mulher voltou à cidade e disse ao povo: "Venham ver um homem que me disse tudo o que tenho feito. Será que ele

> não é o Cristo? Então saíram da cidade e foram para onde ele estava... Muitos samaritanos daquela cidade creram nele por causa do seguinte testemunho dado pela mulher: "Ele me disse tudo o que tenho feito" (João 4:27-30, 39).

As mulheres eram evitadas em público e vistas como uma tentação para o pecado, mas Jesus chocou seus discípulos quando começou uma conversa com a mulher indigna no poço. Esta é a mais longa conversa privada de Jesus registrada. Ele então a encorajou a ser uma evangelista em sua cidade. Por causa de seu testemunho, muitos passaram a crer em Jesus.

Jesus estabelece prioridades

> Quando Jesus dizia estas coisas, uma mulher da multidão exclamou: "Feliz é a mulher que te deu à luz e te amamentou". Ele respondeu: "Antes, felizes são aqueles que ouvem a palavra de Deus e lhe obedecem" (Lucas 11:27-28).

As mulheres eram valorizadas principalmente como geradoras de filhos, mas Jesus disse que o mais importante é ser um discípulo.

Mulheres ensinam os discípulos acerca da ressurreição

> As mulheres saíram depressa do sepulcro, amedrontadas e cheias de alegria, e foram correndo anunciá-lo aos discípulos de Jesus. De repente, Jesus as encontrou e disse: "Salve!" Elas se aproximaram dele, abraçaram-lhe os pés e o adoraram. Então Jesus lhes disse: "Não tenham medo. Vão dizer a meus irmãos que se dirijam para a Galileia; lá eles me verão" (Mateus 28:8-10).

O testemunho de uma mulher não era aceito no tribunal, mas Jesus escolheu duas mulheres para testemunhar e anunciar sua ressurreição. Jesus nunca ensinou a subordinação das mulheres. Ele veio para reverter os efeitos da Queda, e sua atitude para com as mulheres refletia isso. Jesus redimiu as mulheres do pecado e do preconceito, e as libertou!

Dons espirituais

...foi predito pelo profeta Joel: "Nos últimos dias, diz Deus, derramarei do meu Espírito sobre todos os povos. Os *seus filhos e as suas filhas profetizarão*, os jovens terão visões, os velhos terão sonhos. Sobre os *meus servos e as minhas servas* derramarei do meu Espírito naqueles dias, e eles profetizarão" (Atos 2:16-18, ênfase adicionada).

> ❓ Deus dá dons espirituais aos crentes, mas eles não são diferentes para homens e mulheres?
>
> ✅ Deus dá dons espirituais conforme a necessidade; os dons nunca são divididos por gênero.

A *cada um*, porém, é dada a manifestação do Espírito, visando ao bem comum... Todas essas coisas, porém, são realizadas pelo mesmo e único Espírito, e ele as distribui individualmente, *a cada um*, como quer (1Coríntios 12:7,11, ênfase adicionada).

Temos diferentes dons, de acordo com a graça que nos foi dada. Se alguém tem o dom de profetizar, use-o na proporção da sua fé. Se o seu dom é servir,

> sirva; se é ensinar, ensine; se é dar ânimo, que assim faça; se é contribuir, que contribua generosamente; se é exercer liderança, que a exerça com zelo; se é mostrar misericórdia, que o faça com alegria (Romanos 12:6-8).
>
> Cada um exerça o dom que recebeu para servir os outros, *administrando fielmente* a graça de Deus em suas múltiplas formas (1Pedro 4:10, ênfase adicionada).

Sempre que os dons são mencionados no Novo Testamento, não há indícios de diferenças de gênero, mesmo para dons considerados como implicando autoridade. A obra do evangelho é severamente dificultada quando metade da população é impedida de servir livremente como portadora de dons.

Jesus ensina em Mateus 9:37-38: "A colheita é grande, mas os trabalhadores são poucos. Peçam, pois, ao Senhor da colheita que envie trabalhadores para a sua colheita". Por que alguém iria querer desencorajar o povo de Deus de trabalhar?

No Comitê de Lausanne de 2004 para o Fórum de Evangelismo Mundial na Tailândia, 1.530 participantes de 130 países vieram para discutir como energizar "toda a igreja para levar todo o evangelho a todo o mundo". Uma das declarações diz: "Afirmamos o sacerdócio de todos os crentes e convocamos a igreja a equipar, encorajar e capacitar mulheres, homens e jovens para cumprir seu chamado como testemunhas e colaboradores na tarefa mundial de evangelização".[8]

Cynthia Westfall enfatiza esse ponto: "Qualquer crente que falha em fazer o que Deus intenciona ou falha em fazê-lo pelas razões certas com caráter santo pagará um preço alto no juízo escatológico. Este é exatamente o ponto da Parábola dos Talentos de Jesus em Mateus 25:14-30. Tudo o que os crentes receberam de Deus deve ser investido a fim de beneficiá-lo e cumprir seus propósitos, e se eles se recusarem a fazê-lo, as consequências serão severas... a igreja será responsabilizada".[9]

Mulheres na Bíblia

As Escrituras descrevem muitas mulheres em posições de liderança. Elas são mencionadas com menos frequência do que os homens em razão da cultura da época. Mas, se fosse errado para as mulheres liderar ou ensinar, elas nunca seriam nomeadas ou elogiadas nas Escrituras.

> ❓ Todos os líderes da igreja primitiva não eram homens?
>
> ✅ Dadas as circunstâncias sociais, há um número incrível de mulheres líderes no Novo Testamento.

- Ana (Lucas 2:36-38) e quatro filhas de Filipe (Atos 21:8-9) eram profetas.
- Priscila ensinou, junto com Áquila, os caminhos de Deus a Apolo (Atos 18:24-26), estabeleceu uma igreja em sua casa (1Coríntios 16:19) e foi chamada de colaboradora por Paulo (Romanos 16:3).
- Febe foi diaconisa e benfeitora de Paulo (Romanos 16:1-2).

- Lídia se reuniu com os crentes em sua casa e recebeu a Paulo e Silas (Atos 16:13-15,40).
- Júnias era uma apóstola (Romanos 16:7).
- Evódia e Síntique eram companheiras de trabalho de Paulo (Filipenses 4:2-3).

Dificuldades na igreja primitiva

Silêncio

Tudo seja feito para a edificação da igreja. Se, porém, alguém falar em língua, devem falar dois, no máximo três, e alguém deve interpretar. Se não houver intérprete, fique calado na igreja, falando consigo mesmo e com Deus. Tratando-se de profetas, falem dois ou três, e os outros julguem cuidadosamente o que foi dito. Se vier uma revelação a alguém que está sentado, cale-se o primeiro... Pois Deus não é Deus de desordem, mas de paz. Como em todas as congregações dos santos, permaneçam as mulheres em silêncio nas igrejas, pois não lhes é permitido falar; antes permaneçam em submissão, como diz a lei. Se quiserem aprender alguma coisa, que perguntem a seus maridos em casa; pois é vergonhoso uma mulher falar na igreja (1Coríntios 14:26b-30,33-35).

> ❓ A Bíblia não diz que as mulheres não devem falar na igreja?
>
> ✓ O versículo em 1Coríntios que diz que as mulheres devem ficar em silêncio refere-se ao protocolo da época. Não tem nada a ver com a habilidade ou adequação das mulheres hoje.

No século 21, não é mais vergonhoso para uma mulher falar na igreja. Na verdade, muitas pessoas são prejudicadas em sua fé porque veem o cristianismo como uma religião dominada pelos homens.

O princípio nesta passagem de 1Coríntios é que deve haver manutenção da ordem nos cultos de adoração. Observe que as mulheres não são as únicas solicitadas a ficar em silêncio. Qualquer um que fosse falar em línguas era instruído a ficar quieto se nenhum intérprete estivesse presente. Além disso, se um profeta estivesse falando e a revelação chegava a outra pessoa, o primeiro profeta deveria parar. O culto deveria ser organizado porque Deus é um Deus de paz.

Craig Keener escreve: "O antigo protocolo mediterrâneo desaprovaria uma mulher honrada se dirigindo a homens que não fosse seus parentes. As mulheres, em média, eram menos instruídas do que os homens, uma afirmação de que ninguém genuinamente familiarizado com a literatura antiga poderia duvidar. Paulo evita a inadequação social ao aconselhar as mulheres a evitarem questionar outros homens durante a reunião, mas ele não é contra o aprendizado delas. Com maior aprendizado, elas poderiam se tornar mais capazes de se articular intelectualmente nas mesmas assembleias em que podiam orar e profetizar. Visto dessa forma, as verdadeiras questões não são de gênero, mas de adequação e aprendizado – nenhuma das quais precisa restringir a voz das mulheres na igreja hoje".[10]

Além disso, se Paulo quisesse dizer que as mulheres devem sempre ficar em silêncio, ele não teria dado instruções para cobrir suas cabeças enquanto oravam e profetizavam na igreja três capítulos antes (1Coríntios 11:5).

Autoridade e ensino

A mulher deve aprender em silêncio, com toda a sujeição. Não permito que a mulher ensine nem que tenha autoridade sobre o homem. Esteja, porém, em silêncio. Porque primeiro foi formado Adão e depois Eva. E Adão não foi enganado, mas sim a mulher, que, tendo sido enganada, tornou-se transgressora. Entretanto, a mulher será salva dando à luz filhos – se permanecer na fé, no amor e na santidade, com bom senso (1Timóteo 2:11-15, ênfase adicionada).

> ❓ Uma vez que a Bíblia diz que as mulheres não devem ensinar ou ter autoridade sobre os homens, isso não significa que as mulheres não devem ser professoras ou pastoras?
>
> ✅ O versículo que limita a autoridade das mulheres em Éfeso pode ser aplicado hoje, dizendo que pessoas não treinadas não podem combater os falsos ensinos.

O princípio aqui é combater o falso ensino. A preocupação é expressa imediatamente em 1Timóteo 1:3;

> Partindo eu para a Macedônia, roguei que você permanecesse em Éfeso para ordenar a certas pessoas que não mais ensinem doutrinas falsas.

Paulo acrescenta que as mulheres eram o alvo dos falsos mestres:

> São esses os que se introduzem pelas casas e conquistam mulheres instáveis sobrecarregadas de pecados (2Timóteo 3:6a).

"A mulher deve aprender"

As primeiras quatro palavras deste versículo são as mais dramáticas e radicais, mas muitas vezes são omitidas. Paulo disse que as mulheres deveriam aprender. Ele achava que a melhor maneira de combater o falso ensino era através do ensino correto. E as mulheres devem aprender da maneira de todos os bons alunos rabínicos: silenciosamente e com respeito por seu professor.

"Não permito que a mulher ensine"

Paulo obviamente quer dizer que as mulheres não têm permissão para ensinar antes de serem adequadamente treinadas, porque ele elogia a habilidade de Priscila para ensinar (Atos 18:24-26 e Romanos 16:3-5). E observe que ela ensinou com seu marido, Áquila, em Éfeso, a mesma igreja que recebeu a carta que contém esta passagem.

"Nem que tenha autoridade sobre o homem"

Rebecca Merrill Groothuis afirma: "A palavra no versículo 12 que é traduzida como 'autoridade' (*authentein*) não é a palavra usada em outras partes do Novo Testamento para denotar o uso positivo ou legítimo de autoridade (*exousia*); na verdade, essa palavra não ocorre em nenhum outro lugar do Novo Testamento. Além disso, ela possui uma variedade de significados no uso do grego antigo, muitos dos quais eram mais fortes do que mera autoridade, chegando ao ponto de denotar violência".[11] Paulo proibiu especificamente uma atitude agressiva e dominadora que seria inapropriada para qualquer crente.

"Esteja, porém, em silêncio"

As mulheres deveriam aprender silenciosamente e não atrapalhar, como era esperado de todos os estudantes rabínicos.

"Porque primeiro foi formado Adão"

Em Gênesis, Deus deu instruções para não comer da "árvore do conhecimento" diretamente a Adão, antes de Eva ser criada. Assim, Eva não recebeu instruções diretas de Deus. Rebecca Merrill Groothuis explica isso melhor: "O ponto da ilustração é que, a fim de evitar engano e erros graves, aqueles que carecem de instrução na Palavra de Deus (como Eva e as mulheres de Éfeso) devem ceder à perícia daqueles que são mais plenamente instruídos (como foram Adão e os líderes masculinos na igreja de Éfeso)".[12]

"Será salva dando à luz filhos"

Esta é uma parte difícil de entender, mas aqui está uma explicação: o templo de Ártemis, em Éfeso, era uma das sete maravilhas do mundo antigo. Era enorme e incluía uma sala do tesouro com 400 guardas. Ártemis era amplamente adorada como uma deusa da fertilidade que ajudava as mulheres, especialmente no parto. Paulo aborda essa prática sugerindo que as mulheres não precisam olhar para Ártemis para serem mantidas seguras durante o parto; elas podem, em vez disso, ter fé em Jesus. Mimi Haddad escreve: "Ao confrontar o falso ensino em Éfeso, Paulo sugere que as mulheres serão salvas por meio do parto. Paulo está insinuando que as mulheres serão salvas no parto, não por meio da adoração a Ártemis, mas por permanecerem fiéis a Cristo?".[13]

Craig Keener destaca um ponto crítico: "A Bíblia permite o ministério das mulheres em circunstâncias normais e o proíbe apenas em circunstâncias excepcionais. A única passagem bíblica que proíbe explicitamente as mulheres de ensinarem a Bíblia – em contraste com inúmeras passagens que endossam várias mulheres comunicando a mensagem de Deus – é dirigida à única igreja em que sabemos especificamente que os falsos mestres estavam efetivamente visando as mulheres".[14]

Resumindo, exceto em situações isoladas, o ensinamento geral das Escrituras é que todos os dons são dados tanto para mulheres quanto para homens e elas devem ser encorajadas a participar em todos os níveis do ministério. Não podemos esperar ser as mãos e os pés de Deus para o mundo com metade deles algemados!

O "ser cabeça"

Quero, porém, que entendam que o cabeça de todo homem é Cristo, o cabeça da mulher é o homem, e o cabeça de Cristo é Deus (1Coríntios 11:3).

"Cabeça" ou *kephale* é muitas vezes pensado como significando autoridade. Mas o termo também pode ser traduzido como "fonte", como na cabeceira de um rio.

> ❓ A Bíblia não diz claramente que o marido é o cabeça da casa?
>
> ✅ A Bíblia nunca diz que o marido é o cabeça da casa. Ela diz que o homem é o cabeça da mulher, e Deus é o cabeça de Cristo. No contexto, "cabeça" pode significar "fonte de vida" entre as pessoas e dentro da Trindade.

Há duas razões pelas quais a palavra "cabeça" em 1Coríntios 11:3 pode significar "fonte de vida", em vez de "líder autoritativo". Primeiro, os relacionamentos são listados em ordem cronológica de origem. Cynthia Westfall aponta: "Cristo é a fonte da vida do homem porque ele é o criador que formou o homem em Gênesis 2:4-7.

O homem é a fonte da vida da mulher porque ela foi criada do homem em Gênesis 2:18-23. Deus Pai é a fonte da vida de Cristo Filho na eternidade".[15]

A aplicação desse pensamento é maravilhosa. Como Mimi Haddad escreve: "Em Gênesis, Deus cria a mulher a partir do corpo do homem. Da mesma forma, Cristo é a origem ou fonte da igreja. Cristo morreu para trazer outros à vida. Da mesma forma, os maridos devem amar suas esposas sacrificialmente – como sua própria carne. Isso reforça a ideia de unidade, de intimidade".[16]

Em segundo lugar, dizer que "cabeça" significa "líder autoritativo" implicaria subordinação dentro da Trindade, que tem sido considerada heterodoxa e herética ao longo da história da igreja.

Vamos olhar atentamente para este versículo com *kephale* definido como "líder autoritativo":

- o líder autoritativo de todo homem é Cristo (sim).
- o líder autoritativo da mulher é o homem (talvez).
- o líder autoritativo de Cristo é Deus (não – Jesus não está eternamente subordinado ao Pai).

Kevin Giles explica: "Praticamente todos os cristãos concordam que na encarnação o Filho se subordinou ao Pai. Ele assumiu funcionalmente o papel de servo. Mas a maioria dos cristãos não acredita que a subordinação do

Filho na encarnação seja definitiva da relação Pai-Filho na Trindade eterna ou imanente. Em Filipenses 2:5-11, Paulo afirma que o Filho tinha igualdade com o Pai antes de se esvaziar voluntariamente para se tornar homem e morrer na cruz, e que depois foi exaltado para reinar como Senhor".[17]

O versículo faz mais sentido quando *kephale* é definido como "fonte de vida":

- A fonte de todo homem é Cristo (sim).
- A origem da mulher é o homem (sim – na criação, a mulher foi feita do homem).
- A fonte de Cristo é Deus (sim – Jesus foi enviado por Deus Pai na encarnação).

A seguir, considere alguns versículos que descrevem Jesus como o cabeça da igreja. Observe que eles não descrevem seu papel como líder ou autoridade. "Cabeça" descreve Jesus como a primeira fonte de vida e salvação e provedor de crescimento.

> Deus colocou todas as coisas debaixo de seus pés e o designou como cabeça de todas as coisas para a igreja, que é o seu corpo, a plenitude daquele que *enche todas as coisas, em toda e qualquer circunstância* (Efésios 1:22-23, ênfase adicionada).

> Antes, seguindo a verdade em amor, *cresçamos em tudo naquele que é a cabeça*, Cristo. Dele todo o corpo, ajustado e unido pelo auxílio de todas as juntas,

> *cresce e edifica-se a si mesmo* em amor, na medida em que cada parte realiza a sua função (Efésios 4:15-16, ênfase adicionada).

> Trata-se de alguém que não está unido à Cabeça, *a partir da qual* todo o corpo, sustentado e unido por seus ligamentos e juntas, *efetua o crescimento dado por Deus* (Colossenses 2:19, ênfase adicionada).

Assim como Jesus é o cabeça (fonte de vida e provedor de crescimento) da igreja, os maridos devem ser para suas esposas.

> Pois o marido é o cabeça da mulher, como também Cristo é o cabeça da igreja, que é o seu corpo, do qual ele é o Salvador... Maridos, ame cada um a sua mulher, assim como Cristo amou a igreja e entregou-se a si mesmo por ela para santificá-la... Da mesma forma, os maridos devem amar cada um a sua mulher como a seu próprio corpo... Além do mais, ninguém jamais odiou o seu próprio corpo, antes o alimenta e dele cuida, como também Cristo faz com a igreja (Efésios 5:23-29).

Philip Payne observa: "A descrição subsequente [de Paulo] do relacionamento de Cristo com seu corpo, a igreja, não afirma nada sobre a autoridade de Cristo, mas diz que Cristo amou e se entregou pela igreja (Efésios 5:25), para torná-la santa (5:26), alimentando e cuidando dela (5:29). Estas são suas ações como salvador, fonte de vida e alimento de seu corpo, a igreja. Paulo chama o marido a imitar as ações de Cristo nas relações com sua esposa, não para assumir autoridade sobre ela".[18]

Se você ainda não está convencido, eu o desafio a ler o ensaio de Berkeley e Alvera Mickelsen, *O que Kephale significa no Novo Testamento?*. Aqui está uma amostra: "O léxico grego-inglês mais completo (abrangendo o grego homérico, clássico e koiné) existente atualmente é uma obra de dois volumes com mais de 2.000 páginas compiladas por Liddel, Scott, Jones e McKenzie, publicada pela primeira vez em 183. Este léxico lista, com exemplos, os significados comuns de *kephale*. A lista não inclui 'autoridade', 'classe superior', 'líder', 'diretor' ou qualquer coisa semelhante como significado".[19] Os Mickelsens continuam por catorze páginas falando sobre o grego. A resposta de Philip Barton Payne ao artigo dos Mickelsens diz: "Os Mickelsens, na verdade, não enfatizam o suficiente seu argumento acerca do uso do grego. Incluindo seu suplemento de 1968, o léxico de Liddell e Scott lista quarenta e oito equivalentes ingleses separados de significados figurativos de *kephale*. Nenhum deles implica líder, autoridade, primeiro ou supremo".[20]

Em resumo, em vez de pretender que os homens sucumbam ao triste resultado da Queda, que incluiu o domínio sobre suas esposas, Deus pretende que os maridos sejam uma fonte de vida e encorajamento para suas esposas! Assim como Jesus é para nós!

Merrill-Groothuis expande esse raciocínio: "Ironicamente, entender que o cabeça da esposa significa o líder da esposa suprime o propósito bíblico da cabeça como nutridora da vida, saúde e crescimento da esposa. Uma pessoa não pode atingir a plena maturidade espiritual, emocional e intelectual se lhe for negada a oportunidade de assumir a responsabilidade por sua própria vida, se ela for tratada como uma criança que precisa ter suas decisões tomadas por outra pessoa... Os casamentos hierárquicos também prejudicam o crescimento do caráter e da santificação do marido, [perdendo] o aprendizado e o amor de dois parceiros iguais no serviço do Reino de Cristo".[21]

Submissão

Sujeitem-se uns aos outros, por temor a Cristo. Mulheres, sujeite-se cada uma a seu marido, como ao Senhor... Maridos, ame cada um sua mulher, assim como Cristo amou a igreja e entregou-se por ela... Escravos, obedeçam a seus senhores terrenos com respeito e temor, com sinceridade de coração, como a Cristo... Vocês, senhores, tratem seus escravos da mesma forma. Não os ameacem, uma vez que vocês sabem que o Senhor deles e de vocês está nos céus, e ele não faz diferença entre as pessoas (Efésios 5:21-22,25; 6:5, 9a, ênfase adicionada).

> ❓ A Bíblia diz que as esposas devem se submeter a seus maridos. Não está tudo bem quando isso se dá de forma inteligente e voluntária?
>
> ✅ A submissão das esposas e a obediência dos escravos era esperada no primeiro século. Mas Paulo instrui as famílias cristãs a se comportarem de uma maneira nova: submetam-se uns aos outros!

Sujeitar-se uns aos outros é o versículo-chave aqui, instruindo como podemos demonstrar a plenitude do

Espírito (Efésios 5:18) em nossos lares. Paulo estava usando a submissão das esposas aos seus maridos, naquela cultura, como um exemplo de como devemos nos submeter uns aos outros. A obediência de esposas e escravos era exigida pela lei judaica e romana, e era a norma cultural aceita. Mas para a igreja primitiva, a prioridade era espalhar o evangelho, não desrespeitar as leis. Assim, Paulo está explicando como agir nos limites de uma sociedade patriarcal, com boas virtudes cristãs – submissão (não obediência) e amor (não governo).

J. Lee Grady resume: "A submissão, não no sentido de dominação ou domínio sobre o outro, mas no sentido de preferir um ao outro e não exigir direitos pessoais, deve estar operando em todo o corpo de Cristo a fim de revelar o amor de Cristo ao mundo".[22]

Conclusão

Mulheres e homens muitas vezes foram impedidos de relacionamentos saudáveis e ministérios eficazes por causa de uma maneira de interpretar alguns versículos das Escrituras. Esta não é a primeira vez que isso ocorreu. Nos Estados Unidos, durante o século 19, os defensores da escravidão baseavam-se fortemente em sua interpretação da Bíblia. Eles observaram que Jesus se referiu aos escravos em parábolas, que Gálatas 4 usa ilustrações da escravidão e que Efésios 6 ordena que os escravos obedeçam a seus senhores. Stan Gundry diz: "Algum dia, os cristãos ficarão tão envergonhados pela defesa bíblica da hierarquia patriarcal da igreja quanto agora pelas defesas bíblicas da escravidão no século 19".[23]

As Escrituras devem ser interpretadas de acordo com o contexto, período de tempo e temas gerais. Considere se alguma das seguintes situações está de acordo com a mensagem total da Bíblia:

- Uma mulher inspirada que está frequentando um seminário local é informada de que pode dar um breve testemunho à congregação, mas apenas em um determinado

lugar do santuário, sem dizer nada que possa ser visto como ensino.
- Uma criança é privada de tratamento médico pelo qual a mãe pesquisou e recebeu recomendações, porque o marido discorda e diz que não.
- Uma mulher, que está realizando muito em um ministério em expansão, é demitida quando novos homens que acreditam que as mulheres não devem ocupar uma posição de liderança se juntam ao conselho.
- Uma esposa é abusada verbal e fisicamente por seu marido, um diácono da igreja. Seu pastor a aconselha a não irritá-lo, mas a se submeter e orar.
- Uma mulher na faculdade é desencorajada a seguir uma carreira promissora e, em vez disso, é informada de que o plano perfeito de Deus para ela é se casar algum dia. Ela é informada de que não conseguirá servir suficientemente ao marido enquanto estiver trabalhando fora de casa.

É certo que existem opiniões divergentes sobre este tema. Mas, se vamos errar, não erremos por restringir a obra de Deus. Encorajemos todo o corpo de Cristo a exercer todos os dons, para o mundo inteiro. As necessidades são grandes, e Deus sabe... *todos são necessários!*

Sobre a Christians for Biblical Equality International (CBE)

Missão e valores

A CBE International (CBE) é uma organização sem fins lucrativos composta de homens e mulheres cristãos, que acreditam que a Bíblia, devidamente traduzida e interpretada, ensina a igualdade fundamental de mulheres e homens de todos os grupos raciais e étnicos, de todas as classes econômicas e de todas as idades, com base nos ensinamentos das Escrituras, como Gálatas 3:28:

> "Não há judeu nem gentio, nem escravo nem livre, nem homem e mulher, porque todos vocês são um em Cristo Jesus" (NIV, 2011).

Como uma comunidade global, a CBE se esforça para se tornar uma organização interculturalmente competente, comprometida com a defesa da igualdade, da equidade e da liderança de todas as mulheres, independentemente de cultura, classe, raça, etnia ou idade. Para esse fim, buscamos educar, de forma intencional e rotineira, a nós mesmos (funcionários da CBE, membros do conselho e partes interessadas) sobre questões que afetam as mulheres em todo o mundo.

Nesse espírito de defesa, a CBE colabora com pastores, igrejas, instituições e ONGs do mundo global para eliminar o sexismo, o racismo, a misoginia, a violência de gênero e o tráfico humano; para elevar o status da mulher; e para promover o desenvolvimento humano.

Declaração de missão

A CBE existe para promover a mensagem bíblica de que Deus chama mulheres e homens de todas as culturas, raças e classes para compartilhar a autoridade, em pé de igualdade, no serviço e na liderança do lar, da igreja e do mundo. A missão da CBE é eliminar o desequilíbrio de poder entre homens e mulheres, decorrente do patriarcado teológico.

Visão para o futuro

A CBE vislumbra um futuro no qual todos os crentes sejam livres para exercer seus dons para a glória e os propósitos de Deus, com total apoio de suas comunidades cristãs.

Declaração de fé

- Cremos em um Deus, criador e sustentador do universo, que existe eternamente como três pessoas, iguais em poder e glória.
- Cremos na plena divindade e na plena humanidade de Jesus Cristo.
- Cremos que salvação eterna e relacionamentos restaurados somente são possíveis por meio da fé em Jesus Cristo, que morreu por nós, ressuscitou dentre os mortos e um dia voltará. Esta salvação é oferecida a todas as pessoas.
- Cremos que o Espírito Santo nos equipa para o serviço e nos santifica do pecado.
- Cremos que a Bíblia é a palavra inspirada de Deus, que ela é confiável e que é a autoridade final para fé e prática.
- Cremos que mulheres e homens são igualmente criados à imagem de Deus e recebem igualmente de Deus autoridade e a administração da criação.
- Cremos que mulheres e homens são igualmente responsáveis e afetados pelo pecado, o que resulta em relacionamentos arruinados com Deus, consigo mesmos e com os outros.

Portanto, lamentamos que os pecados de sexismo e de racismo tenham sido usados para oprimir e silenciar historicamente as mulheres, ao longo da vida da igreja.

Resolvemos valorizar e ouvir as vozes e as experiências vividas por mulheres do mundo todo, que foram impactadas pelos pecados do sexismo e do racismo.

Valores essenciais

- A Escritura é o nosso guia autoritativo de fé, vida e prática.
- O patriarcado (domínio masculino) não é um ideal bíblico, mas sim fruto do pecado que se manifesta de forma pessoal, relacional e estrutural.
- O patriarcado é um abuso de poder, que tira de mulheres e meninas aquilo que Deus lhes deu: dignidade, liberdade e liderança, bem como, muitas vezes, a própria vida.
- Embora a Bíblia reflita uma cultura patriarcal, ela não ensina que o patriarcado é o padrão de Deus para os relacionamentos humanos.
- A obra redentora de Cristo liberta todas as pessoas do patriarcado, e chama mulheres e homens a compartilhar autoridade, em pé de igualdade, no serviço e na liderança.
- O desígnio de Deus para os relacionamentos inclui o casamento fiel entre uma mulher e um homem, a

solteirice celibatária e a submissão mútua na comunidade cristã.

- O uso irrestrito dos dons femininos é parte integrante da obra do Espírito Santo e essencial para o avanço do evangelho em todo o mundo.

Os seguidores de Cristo devem promover o desenvolvimento humano, opondo-se à injustiça e aos ensinamentos e às práticas patriarcais, que rebaixam, diminuem, marginalizam, dominam, escravizam ou exploram as mulheres, abusam das mulheres, ou restringem o acesso delas à liderança no lar, na igreja e no mundo.

Comunidade global

Com apoiadores, parceiros de ministério e grupos locais de mais de 100 denominações e 65 países, a CBE engaja cristãos em conferências, currículos para adultos e jovens, recursos multimídia, publicações premiadas, um blog e muito mais.

A CBE colabora com pastores, igrejas, escolas e ONGs em todo o mundo para eliminar a violência de gênero e o tráfico humano, bem como melhorar o acesso de meninas à educação, elevando o status das mulheres.

Ajudando a igreja na prevenção do abuso

Nos Estados Unidos e em todo o mundo, a cada três mulheres, uma é vítima de abuso físico por parte de um parceiro íntimo, e estudos mostram que o abuso é tão comum na igreja quanto na sociedade. A CBE está trabalhando com líderes da igreja para prevenir o abuso e criar comunidades em que mulheres e homens prosperem como iguais.

Cura e esperança

Por mais de trinta anos, os artigos, livros e conferências da CBE têm trazido cura e esperança para mulheres e homens cristãos em todo o mundo.

Conecte-se com a CBE

- *Mutuality*, um popular blog e revista, e *Priscilla Papers*, um jornal acadêmico, estão disponíveis gratuitamente online. Assine o blog semanal da CBE, inscreva-se para ser notificado sobre novas edições de jornais e revistas, ou *adquira cópias impressas*.
- O podcast da CBE, *Mutuality Matters*, oferece conversas semanais sobre mulheres, homens, mutualidade e a Bíblia.

- A livraria da CBE oferece livros resenhados e relevantes sobre o chamado da Bíblia para que mulheres e homens compartilhem a liderança e o serviço em pé de igualdade.
- A CBE promove conferências internacionais anuais, apresentadas por pastores, estudiosos e palestrantes de renome mundial, que visam educar, encorajar e equipar os cristãos para defenderem a igualdade bíblica de gênero.
- Membros da igreja e da organização CBE fornecem apoio para organizações que desejam gerar um ímpeto igualitarista, incluindo assinaturas gratuitas e inscrições para conferências com desconto.
- Os grupos locais são as mãos e os pés da CBE nas comunidades ao redor do mundo, fornecendo uma forma para que membros e apoiadores locais se conectem e ministrem em conjunto.

Junte-se às discussões no Facebook ou no Twitter.

Visite cbeinternational.org para encontrar tudo isso e muito mais.

Notas

1 BELLEVILLE, Linda, *Two views on women in ministry* (Zondervan Publishing House, 2001; Grand Rapids, MI; James Beck e Craig Blomberg, eds.), p. 142.

2 Ibid., p. 148.

3 GROOTHUIS, Rebecca Merrill, *Good news for women* (Baker Book House, 1997; Grand Rapids). p. 43.

4 FINCK-LOCKHART, Susan, "Who's in Charge Here? Discerning the Lord's Leading in Marriage," *Mutuality* 9, n. 2 (2002): p. 10-2; MORGANTE, Camden, "Forget the Husband Trump Card: Why Couples Should Make Decisions Together," *Arise* (blog), 27 de julho de 2019; WALTHER, Emily e WALTHER, George, "Celebrating our Partnership," *Priscilla Papers* 5, n. 4 (1991): p. 12-7.

5 PHELAN, John, *All God's People* (Covenant Publications, 2005; Chicago), p. 51.

6 HADDAD, Mimi, "What Language Shall We Use?" (*Priscilla Papers*, vol. 17, n. 1, Christians for Biblical Equality).

7 KROEGER, Richard; KROEGER, Catherine, "Why Were There No Women Apostles?" (*Equity*, 1982), p. 10-2.

8 CLAYDON, David, "The Context for the Production of the Lausanne Occasional Papers" (Empowering Women and Men to Use their Gifts Together in Advancing the Gospel,

Lausanne Occasional Paper No. 53; Christians for Biblical Equality, 2005; Minneapolis, Alvera Mickelsen, ed.), p. iv.

9 WESTFALL, Cynthia, *Paul and Gender: Reclaiming the Apostle's Vision for Men and Women in Christ* (Grand Rapids: Baker Academic, 2016), p. 157.

10 KEENER, Craig, *Two Views on Women in Ministry* (Zondervan Publishing House, 2001; Grand Rapids, MI; James Beck and Craig Blomberg, eds.), p. 166, 169, 171.

11 GROOTHUIS, *Good News for Women*, p. 215.

12 Ibid., p. 222.

13 HADDAD, Mimi, "Paul and Women" (Empowering Women and Men to Use their Gifts Together in Advancing the Gospel, *Lausanne Occasional Paper No. 53*; Christians for Biblical Equality, 2005; Minneapolis; Alvera Mickelsen, ed.), p. 34.

14 KEENER, *Two Views on Women in Ministry*, p. 29.

15 WESTFALL, Cynthia, *Paul and Gender: Reclaiming the Apostle's Vision for Men and Women in Christ* (Grand Rapids: Baker Academic, 2016), p. 86.

16 HADDAD, "Paul and Women" p. 35.

17 GILES, Kevin, "The Subordination of Christ and the Subordination of Women" (*Discovering Biblical Equality*; InterVarsity Press, 2004; Downers Grove; PIERCE, Ronald e GROOTHHUIS, Rebecca Merrill, eds.), p. 337.

18 PAYNE, Philip B., *Man and Woman, One in Christ* (Grand Rapids: Zondervan, 2009), p. 284.

19 MICKELSEN, Berkeley; MICKELSEN, Alvera, "What Does

Kephale Mean in the New Testament?" (*Women, Authority & the Bible*; InterVarsity Press, 1986; Downers Grove; Alvera Mickelsen, ed.), p. 97-8.

20 PAYNE, Phillip Barton, "Response" (*Women, Authority & the Bible*; InterVarsity Press, 1986; Downers Grove; Alvera Mickelsen, ed.), p. 118.

21 GROOTHUIS, *Good News for Women*, p. 157-8.

22 GRADY, J. Lee, *Ten Lies the Church Tells Women* (Charisma House, 2000; Lake Mary), p. 177.

23 GUNDRY, Stan, "From Bobbed Hair, Bossy Wives, and Women Preachers to Woman Be Free: My Story" (*Priscilla Papers*, Volume 19, Issue 2, Christians for Biblical Equality; Minneapolis).

Este livro foi impresso pela Lisgráfica, em 2023,
para a Thomas Nelson Brasil. O papel do miolo
é pólen bold 90 g/m², e o da capa, cartão 250 g/m².